AF371117

QUELQUES MOTS

SUR LES

CHANGEMENTS PROPOSÉS POUR LA COMPOSITION

DES

MUSIQUES D'INFANTERIE

PAR

J. MEIFRED

Professeur au Conservatoire national de Musique, etc.,
Membre de la Légion d'Honneur.

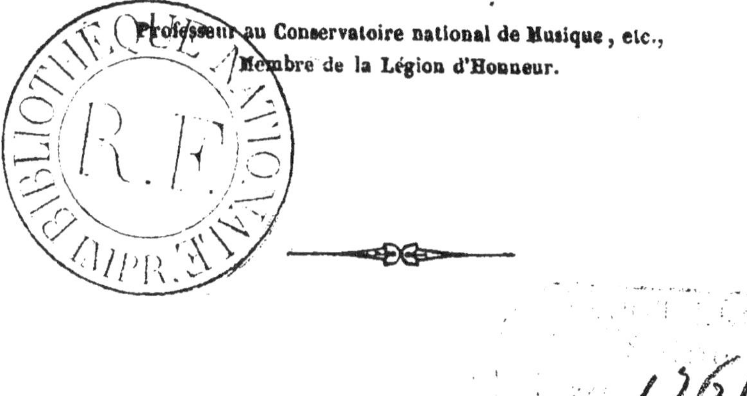

PARIS

AU BUREAU DE LA FRANCE MUSICALE

102, RUE RICHELIEU.

—

1852

Paris. — Imp. de Mme Ve Dondey-Dupré, rue Saint-Louis, 46.

Au moment où nous terminions une
série d'articles sur les musiques militaires,
un des hommes les plus compétents dans
cette matière, notre ami M. Meifred, est
venu compléter en quelque sorte et corro-
borer par son intervention les idées que nous
avons émises sur cette matière. La petite
brochure qu'on va lire a été écrite par
M. Meifred pour *la France Musicale*, et
nous avons été heureux de lui donner les
premiers la publicité qu'elle mérite. La
question traitée par Meifred a tout l'in-
térèt de l'actualité, car on sait que le gou-

vernement s'occupe de la réorganisation des musiques de la garde nationale, et les sacrifices que va s'imposer la Ville de Paris permettront de la présenter comme modèle aux musiques de l'armée.

Les mesures que l'administration se propose de prendre à ce sujet intéressent à la fois l'art et l'industrie, et sous ce double rapport elles seront sans aucun doute généralement approuvées.

M. E.

QUELQUES MOTS

SUR LES

CHANGEMENTS PROPOSÉS POUR LA COMPOSITION

DES

MUSIQUES MILITAIRES.

Je me crois autorisé à dire toute ma pensée sur le débat qui s'agite périodiquement à propos de la composition des musiques d'infanterie.

La direction de la musique militaire de la 3me légion, que j'ai conservée pendant 15 ans, m'a donné une expérience qui ne doit pas être perdue; la nature de l'instrument que je pratique laisse pleine et entière mon impartialité, puisque rien de ce qui me concerne personnellement n'est en question; enfin, l'honneur et le bonheur que j'ai eu de fonder, le premier en France, au Conservatoire de musique, l'enseignement du *Cor chromatique* et d'apporter au système des instruments à pistons des perfectionnements sanctionnés par les artistes et par le public, m'ayant appris à mes dépens ce qu'il faut d'efforts et de labeurs pour faire accepter une nouveauté même utile, même indispensable, j'ai l'assurance de pouvoir parler des inventions nouvelles et de leur application, dans des termes où les plus rigides convenances seront observées. La mission que je me donne de dire ici toute la vérité n'a d'autre but d'ailleurs que l'intérêt bien entendu de l'art musical.

Le débat actuel, il faut le dire, ne manque pas d'antécédents; il s'agite entre le système connu, où les instruments de bois, désignés sous le nom de *petite harmonie*, sont le fond même de l'orchestre militaire, et un autre système, où il s'agit de faire remplir la fonction de cette *petite harmonie* par des instruments de cuivre, tout en la conservant en partie, mais subalternisée au rôle d'accessoire !

La première réflexion qui se présente à l'esprit, au spectacle de ces propositions si souvent renouvelées, c'est que jamais on n'a tenté de faire subir au grand orchestre, à l'orchestre symphonique, un remaniement aussi radical, un changement du tout au tout, comme ceux qu'on tente de faire éprouver aux *bandes* militaires !

De temps en temps, il est vrai, quelque compositeur cherchant un effet nouveau, une expression particulière, introduit bien un instrument inusité dont il croit avoir besoin, et ce genre de tentative réussit ou ne réussit pas, en raison du tact de l'artiste et de l'à-propos de l'application. Mais cela ne touche en rien au fond des choses, et l'orchestre reste toujours, avec un élément exceptionnel de plus, ce que l'ont fait le travail des siècles et le génie des maîtres.

Il s'en faut que les musiques militaires, en

France du moins, soient modifiées avec de pareils ménagements ! C'est par leur base même qu'on les attaque : est-ce, par hasard, que cette base serait fausse ? Je ne le pense pas. Serait-ce plutôt parce que les musiques militaires, au lieu d'avoir pour souverain maître et juge cette puissance invisible, intangible, et pourtant partout présente, qu'on nomme le public, sont soumises à une autorité temporelle, capable de se tromper comme toutes les choses temporelles, mais surtout capable d'imposer d'un trait de plume sa décision à l'armée entière et de tout entraîner par son omnipotence, si peu d'accord que pût être le jugement de cette autorité avec celui de tout le monde ? Je ne veux pas le penser !

Je ne puis croire qu'il faille procéder aussi radicalement : en réalité, les véritables conditions d'une bonne musique d'infanterie sont : la sonorité nécessaire à toute musique en plein vent, la grande richesse des timbres et la plus grande analogie possible avec l'orchestre. Ces conditions résultent de la nature même des choses. N'est-il pas évident, en effet, que sans une grande sonorité, la musique militaire, absorbée par les bruits de la marche et de la rue, serait comme si elle n'était pas? Que privée de la variété des timbres, elle tomberait dans l'affreuse monotonie, fatalement imprimée par la rentrée périodique des instruments de percussion, et qu'enfin, sans une grande analogie avec l'orchestre, elle serait impuissante à donner la traduction brillante et populaire des chefs-d'œuvre de la scène, dont elle est peut-être le plus sûr et le plus rapide agent de propagation, depuis la frontière du nord jusqu'aux oasis du Sahara?

Eh bien! la substitution d'instruments de cuivre à la *petite harmonie* répondrait justement à l'inverse de ces conditions. D'abord, la véritable sonorité serait diminuée, car il ne s'agit pas tant d'augmenter le *volume* du son que sa *portée*; or, des instruments de cuivre, mitigés par le mécanisme des pistons, ven-

tilles ou cylindres, peuvent bien produire de
près cette masse de son qu'on cherche, mais
jamais une pareille combinaison n'aura la
portée et l'éclat de la plupart des instruments
à anches : voilà pour la sonorité.

Quant à la variété des timbres, il est parfai-
tement visible que la combinaison proposée,
en réduisant la *petite harmonie* au rôle secon-
daire, la diminuerait dans une large propor-
tion. D'abord, l'effet de la fanfare rentrant sur
un fond d'instruments de cuivre, deviendrait
à peu près nul ; c'est là un point considérable
quand il s'agit de musique militaire ; ensuite,
l'harmonie et la mélodie se trouvant presque
exclusivement dévolues à ces cuivres, puisque
les instruments de bois deviendraient subal-
ternes et ne seraient plus, nécessairement, en
quantité suffisante pour lutter, il en résulte-
rait la prédominance du cuivre sur tout le
reste, soit une fanfare au lieu d'une musique.
On propose d'ailleurs l'introduction de ces
cuivres, parce que, dit-on, ils forment une fa-

mille d'instruments homogènes, dont le plus
petit n'a d'autre différence avec le plus grand,
que celle de la dimension et, par suite, de son
diapason ; on se base pour cela sur une pré-
tendue ressemblance avec le quatuor d'instruments à corde, qui est le fond de l'orchestre
symphonique : mais pour que cette ressemblance pût être raisonnablement invoquée, il
faudrait établir d'abord entre chacun de ces
instruments des différences de timbres aussi
tranchées que celles qui séparent le son du
violon, celui de l'alto, du violoncelle et de la
contrebasse; différence qui faisait dire à Gré-
try, à l'audition de l'opéra d'*Othal*, où les vio-
lons étaient remplacés par des altos : « Un
louis d'or pour entendre une chanterelle ! »
Il faudrait en outre que le tube représentant
la contre-basse, dans cette nouvelle famille,
fût abordable par toutes les poitrines et so-
nore sous tous les souffles ; il faudrait enfin
qu'on trouvât dans l'aigu l'équivalent des notes de la chanterelle, et surtout qu'on trans-

portât l'armée entière sous une latitude où les gelées ne se fissent jamais sentir, car, sans cette précaution, le pas redoublé serait exposé, par un temps très-froid, à se cristalliser dans les tubes, comme le jour de l'entrée à Paris des restes de l'Empereur et à l'exemple de la célèbre fanfare du baron de Munckhaüsen, glacée dans sa trompe de chasse et attendant pour sortir en notes plaintives, la chaleur vivifiante de la grande cheminée du château.

En somme, la nouvelle famille poposée étant composée d'instruments analogues par la forme et différents par les dimensions, a sans aucun doute sa valeur relative, mais elle peut être comparée à une série de tuyaux d'orgue, parcourant une certaine étendue du grave à l'aigu, et par conséquent ne formant en réalité qu'un seul et même jeu. Ainsi, c'est au moment où les facteurs d'orgues font des prodiges pour enrichir l'instrument sacré de jeux nouveaux, qu'on transporterait dans les mu-

siques de l'armée une monotonie contre la-
quelle l'Église elle-même ne cesse de lutter !

La question ainsi posée n'est-elle pas ré-
solue ?

Quant à l'analogie qui doit exister entre les
bandes et l'orchestre, afin que la propagation
des chefs-d'œuvre se puisse faire militairement,
il ne faut pas une longue argumentation pour
démontrer que les instruments de bois de la
petite harmonie sont les seuls capables de la
produire, bien entendu, dans les limites du
possible. C'est même le point le plus remar-
quable du progrès accompli dans l'orchestre
par les maîtres modernes, que le remplace-
ment fréquent du quatuor par les instruments
de bois ; Rossini, Meyerbeer, Halévy, Men-
delssohn, fourmillent d'exemples de ce genre.
Qu'on nous montre un passage où ils ont sub-
stitué la famille entière des cuivres, anciens
et nouveaux, à celle des instruments à corde,
et alors nous chercherons d'autres arguments
à l'appui de notre opinion ; jusque-là, leur

manière d'écrire suffit à prouver qu'ils ont trouvé de l'analogie entre la *petite harmonie* et le quatuor, mais jamais entre la famille des cuivres et ce même quatuor.

Il faut savoir se borner : je pourrais faire valoir en faveur de ma thèse le respect pour la tradition, le besoin de laisser leur gagne-pain à d'honorables artistes qui savent jouer de la clarinette, du hautbois, de la flûte, du basson, et ignorent absolument les instruments en cuivre ; la valeur des droits acquis, la nécessité de ne pas laisser périr dans l'oubli les beaux ouvrages écrits par les Krammer, les Beer, les Munch et tant de maîtres remarquables de l'Allemagne. Je pourrais faire valoir encore la nécessité, pour les théâtres même, de *bandes* militaires capables de fournir aux orchestres de province des artistes de talent et des instruments introuvables dans certaines localités ; mais je m'arrête, j'ai peur d'avoir trop raison.

J. MEIFRED.

Paris. — Typ. de Mᵐᵉ Vᵉ Dondey-Dupré, rue Saint-Louis, 46.